D1993349

K. C. Rehberg

Meine Meerlis und ich!

Tipps zum Leben mit Meerschweinchen
und eine Vorlesegeschichte

K. C. Rehberg

Meine Meerlis und ich!

Tipps zum Leben mit Meerschweinchen
und eine Vorlesegeschichte

Inhalt

Wo kommen die Meerlis her?

Das Meerschweinchen kommt zwar nicht aus dem Meer, hat aber trotzdem einen langen Weg hinter sich: Ursprünglich stammen die Tierchen aus Südamerika. Spanische Seefahrer brachten sie mit, daher das „Meer-“ in ihrem Namen. Und weil sie so quiekige Geräusche machen wie ein Schwein, wurde ihnen noch ein „-schweinchen“ drangehängt.

Das Meerschweinchen gehört zur Familie der Nagetiere, weil sie große Nagezähne haben, das ist einfach zu erkennen. Diese Zähne wachsen, anders als bei uns Menschen, ihr Leben lang nach. Um sie zu kürzen, müssen Nagetiere ständig an etwas herumnagen.

Im englischen Wort für Meerschweinchen ist ebenfalls das Wort Schwein (pig) enthalten. Und weil die englischen Seeleute die Tiere damals für eine Geldmünze (guinee) verkauften, heißen die Meerschweinchen auf englisch „guinea pig".

Wie stark solche Nagezähne werden können, siehst du am besten am Biber, der damit ganze Bäume fällt. Von manchen anderen Arten wird berichtet, dass sie mit ihren Zähnen sogar Konservendosen aufmachen könnten.

Welche der folgenden Tiere ist kein Nagetier?

Stellt euch zum Beantworten der Frage einfach die Zähne vor.

a) Murmeltier

b) Maus

c) Hamster

d) Faultier

Antwort: d. Ein Faultier ist ein Säugetier und hat keine so tollen Zähne wie die Nager, dafür aber beeindruckende Krallen.

Meerschweinchen werden in Südamerika schon seit Tausenden von Jahren als Haustiere gehalten. Allerdings sehen diese Ur-Meerschweine anders aus als die Meerlis, die wir kennen. Vor allem in Hinblick auf die Frisuren sind die Schweinchen mit der Mode gegangen: Es gibt mittlerweile lockige und glatte Meerschweinchen, Meerschweinchen mit langen und mit kurzen Haaren, es gibt braune, weiße, schwarze, rote und welche, die haben von allem etwas. Manche haben Wirbel am ganzen Körper und heißen aus diesem Grund „Rosettenmeerschweinchen“: Rosette ist französisch und bedeutet „kleine Rose“.

Wie nennt man einen Matrosen, der sich nie wäscht?
Klar: Ein Meerschwein.

Meerschweinchen werden zwischen fünf und acht, in seltenen Fällen sogar bis zu zwölf Jahre alt. Sie können Farben sehen und sehr gut hohe Töne hören, daher auch ihr hohes Quieken, dass von jedem anderen Meerschwein sofort gehört und beantwortet wird. Am besten aber können sie riechen: Ihr Geruchssinn übertrifft den von Menschen

Nackig? Nein danke!

Es gibt auch nackte Meerschweinchen – doch, wirklich. Menschen, die das schön finden, haben ihnen das Fell weggezüchtet. Über Schönheit lässt sich ja bekanntlich streiten, aber eines ist sicher: Die Schweinchen brauchen ihr Fell. Es hält sie warm, schützt sie vor Sonne und Regen, und die nackte Haut kann ohne natürlichen Schutz leicht verletzt werden.

Kalt, nackt und schutzlos: Auch dieser Katze haben sie das Fell weggezüchtet.

bei weitem. Daher wird ein Meerschweinchen es sofort merken, wenn du ihm eine frische Gurke oder etwas leckeren Löwenzahn hinstellst und sich dankbar darüber hermachen. Und essen können sie eigentlich die ganze Zeit: 60 bis 80 kleine Mahlzeiten nehmen die Nager im Laufe eines Tages zu sich. Den Rest der Zeit lieben sie es zu dösen, sich lang auszustrecken oder sich zu sonnen, falls es nicht zu warm ist.

Meerschweinchen brauchen Gesellschaft

Hausmeerschweinchen sind Gruppentiere, das ist ganz wichtig. Sie brauchen einen Partner, und zwar einen Meerschweinchenpartner: Kaninchen und andere Tierarten sind für sie Fremde, so wie Menschen auch. Auch wenn du dein Meerlie noch so viel aus dem Käfig holst und herumlaufen lässt, kannst du ihm doch nicht den Partner ersetzen. Und selbst wenn du dich zwei Stun-

Zwei Meerschweinchenbabys.

So leben wilde Meerlis

Meerschweinchen leben fast überall in Mittel- und Südamerika in flachen, grasreichen Gegenden ebenso wie im Gebirge, wo sie sich in Höhlen gut verstecken können. Wo eine natürliche Höhle fehlt, gefällt es ihnen auch in dichten Hecken: Selber graben mögen sie nicht. Und allein sein wollen sie in ihrem Unterschlupf auch nicht: Sie leben in kleineren Familienrudeln mit einem Männchen und mehreren Weibchen und Jungtieren zusammen.
Wilde Meerschweinchen fressen alle möglichen Früchte, Gräser und Samen, die ihnen unter die pelzigen Nasen kommen. Und das schon, wenn sie noch klitzeklein sind: Meerlis werden komplett mit Fell und Zähnen geboren, halten gleich die Augen nach Leckereien offen und können schon sehr früh für sich selber sorgen.

Ein „wildes" Meerschwein.

den am Tag mit deinem Tier beschäftigst: Was ist dann mit den übrigen 22 Stunden?
Also, wichtigste Voraussetzung, damit dein Meerschweinchen glücklich ist, sind andere Meerschweinchen.

Wie ihre wilden Artgenossen wollen auch Hausmeerschweine nicht alleine leben. Du brauchst jetzt nicht gleich ein ganzes Rudel anzuschaffen: Zwei Meerschweinchen sind schon eine kleine Gruppe. Dann können sie miteinander spielen, zusammen fressen, sich ums Futter streiten und wieder vertragen und fühlen sich putzmunter und in Sicherheit. Und damit es keinen ungewollten Nachwuchs gibt, solltest du entweder zwei Weibchen nehmen oder aber du setzt ein kastriertes Männchen zu einem Weibchen. Kastriert bedeutet, dass ein Tierarzt dem Männchen die Hoden entfernt, damit es keine Meerschweinchenbabys mehr zeugen kann. Hört sich schlimmer an, als es ist: Die Operation ist einfach, und dein Meerschwein hat sie bald wieder vergessen. Vor allem, wenn es danach mit viel gutem Futter verwöhnt wird. Du kannst natürlich auch zwei männliche Meerschweinchen zusammen halten, dann darf aber kein Weibchen dazukommen, sonst gibt es Streit.

Eine Meerli mit Partner.

Meerschweinmännchen gehen manchmal gestelzt und wackeln beim Gehen stark mit dem Hintern: Das soll den Schweinedamen zeigen, wer hier der Tollste und Stärkste ist und sie beeindrucken. Meerschweinchenbesitzer sagen dazu „brommseln". Beobachtet doch mal: Hat euer Meerschweinchen auch schon „gebrommselt"?

Damit sich Meerschweine nicht vermehren und trotzdem nicht alleine sind, hat man sie früher mit Kaninchen zusammenleben lassen. Und das geht gar nicht. Ein Kaninchen redet eine ganz andere „Sprache“, zum Beispiel putzt es das Meerschweinchen, um zu zeigen, dass es nett ist. Ein Meerschweinchen wird aber überhaupt nicht gern geputzt. Es bleibt stocksteif stehen, weil der Riese vor ihm es bedrängt und es sich gegen die gewaltsame Putzerei nicht wehren kann. Ein Meerschwein, das mit einem Kaninchen zusammenlebt, muss sich also die ganze Zeit bedroht fühlen, während das

Für Meerschweinchen sind Kaninchen aufdringliche Riesen.

Da hätte selbst das Kaninchen Angst: Das größte, heute noch in Brasilien wild lebende Meerschwein ist das Felsenmeerschweinchen. Es misst vom Kopf bis zum Hinterteil 20 bis 40 Zentimeter, hat lange Beine und breite, gewölbte Nägel an den Pfoten, mit denen es gut klettern kann.

Kaninchen die Welt nicht mehr versteht, weil es doch nur Freundschaft schließen will. Es ist ungefähr so, als würde man einen Hund mit einer Katze zusammen einsperren, weil beide vier Pfoten und einen Schwanz haben. Und was dann los ist, das können wir uns ja vorstellen …

Meerschweinchen können sprechen

Muig, muig, muig … Meeerscheinchen können nicht nur „muigen", pfeifen und quietschen, sie zeigen auch durch ihre Körpersprache, was sie voneinander halten oder wollen. So richtig verstehen kann nur ein Meerschweinchen ein anderes, aber wir können ungefähr ahnen, was es meint.

Das erste Geräusch, das die Meerschweinchenbabys lernen, um ihre Mütter zu rufen, ist ein lautes Quieken. Hört sich ungefähr an wie ein hohes „muig muig“. Das machen sie auch später noch, wenn sie etwas wollen, wenn sie Angst haben oder ihre Gruppe nicht mehr finden. Und da auch Hunger kein angenehmes Gefühl ist, muigen sie auch, wenn sie meinen, sie bräuchten etwas zu fressen – also fast immer.

Um sich und andere zu beruhigen, „gurren“ Meerschweine. Dies Gurren ist kein Laut, den sie von sich geben, wenn sie sich wohl fühlen – also bloß nicht mit dem Schnurren einer Katze verwechseln. Sie wollen damit sagen „Tu du mir nichts, dann tu ich dir auch nichts“. Also lässt du sie besser in Frieden.

Meerschweinchen-Baby direkt nach der Geburt.

In dem Kinderbuch „Dr. Dolittle und seine Tiere" von Hugh Lofting gibt es einen Arzt, der die Tiere so sehr liebt, dass er ihre Sprache lernt: Die Papageiendame Polynesia hilft ihm dabei. Als bei den Affen in Afrika eine seltsame Krankheit ausbricht, macht sich Dr. Dolittle mit einigen Tieren auf, um ihnen zu helfen. Nicht nur das gelingt ihnen: Sie überlisten zudem noch Piraten, befreien einen Jungen und retten seinen Vater. Schon nützlich, wenn man die Sprache der Tiere versteht, oder?

So richtig genervt sind Meerschweinchen, wenn sie mit den Zähnen klappern. Dann solltest du sie erst Recht in Ruhe lassen.

Doch Meerschweinchen können nicht nur laut sagen, wenn ihnen etwas nicht passt, sie können es auch zeigen. Wenn sie sich wohl fühlen, übermütig sind, Spaß haben oder einfach nur so mal toben wollen, dann springen sie mit allen vier Füßchen gleichzeitig in die Luft – das sieht sehr drollig aus.

Kennst du den Ausdruck „vor Angst wie erstarrt" zu sein? Genau das Gleiche passiert manchmal deinen Meerlis. Meerschweinchen mögen es nicht, hochgehoben zu werden – für sie ist das in etwa so ein Gefühl, als

Vielleicht hast du schon einmal beobachtet, wie deine jungen Meerlis mit allen vielen in die Luft springen? Weil es so merkwürdig aussieht und weil andere Meerschweinchen davon oft „angesteckt" werden und mitmachen, nennt man das „Popcornen". Wie Popcorn springen sie hoch und platzen dabei fast vor Übermut.

würde ein riesiger Vogel auf sie nieder stoßen und sie wegtragen. Kein Wunder, dass sie sich nicht mehr rühren, sobald du sie hochnimmst. Mit großen, aufgerissenen Augen erwarten sie ihr Schicksal und haben mit ihrem Meerschweinchenleben abgeschlossen. Also setzt du sie am besten schnell wieder hin, redest freundlich mit ihnen – und streichelst sie nicht (das mögen sie nämlich auch nicht).

So richtig deutlich „Hände weg" sagt ein Meerschweinchen, das den

Kopf hochwirft; manche zeigen sogar ihre Zähne. Das heißt dann auch wirklich Hände weg – sonst kann auch schon mal zugebissen werden. (Immerhin: Es hat dich gewarnt!)

Knabbern am Käfiggitter

Ein bisschen Knabberei kann Neugier sein – schließlich wartet draußen eine ganze Welt auf die Schweinchen. Wird das Knabbern jedoch zur Freizeitbeschäftigung, ist das ist kein gutes Zeichen: Der Käfig könnte ihnen zu klein sein. Oder den Meerlis ist schlichtweg langweilig: Sie brauchen dann unbedingt mehr Buddel- und Spielmöglichkeiten.

Wie Schröder das Brommseln lernte

Eine Geschichte zum Vorlesen für Meerschweinchen und Meerschweinchenbesitzer.

Schröder ist ein stattliches Meerschweinchen in den besten Jahren. Sein Fell ist rot-schwarz und hat einen kleinen Wirbel hinter dem rechten Ohr, auf den er sich viel einbildet. Schröder behauptet anderen Meerschweinchenmännern gegenüber stets, er wäre ein Rosettenmeerschwein in der dritten Generation, obwohl das nicht stimmt: Schröder hat einfach einen Haarwirbel, mehr nicht. Aber hübsch sieht er aus, und das weiß er. In jedem Wassernapf, jeder Pfütze spiegelt sich Schröder. Immer ein bisschen schräg, von der rechten Seite, damit man seinen Wirbel auch gut sieht. Und er putzt sich. Die anderen Meerschweinchen seines Rudels machen sich hinter seinem Rücken lustig darüber, denn welches Meerschweinchen, das etwas auf sich hält, putzt sich schon so ausgiebig wie ein Hamster? (Das sind kleine Wesen mit Knopfaugen, die nachts in einem Rad im Kreis laufen: Eines der älteren Langhaarmeerschweinchen hat schon mal einen gesehen). Oder mit soviel Spucke wie ein Kaninchen? (Das sind Riesen mit langen Ohren, die sich andauernd ablecken, behauptet ein älteres Glatthaarmeerschweinchen, das

schon einmal mit einem zusammenleben musste.) Natürlich würde niemand im Meerschweinchenrudel es wagen, Schröder als Hamster oder Kaninchen zu bezeichnen: Der alte Meerschweinchenbock ist berüchtigt und gefürchtet und kann mächtig austeilen, wenn's sein muss. Nur eins kann er nicht: Er kann nicht brommseln. Den steifen Gang, den alle Meerschweinchen, selbst die Weibchen beherrschen, den kann er nicht. Manchmal stolziert er steifbeinig umher, und dann müssen sich die jüngeren Schweinchen das Lachen verbeißen, denn wie Brommseln sieht das wahrlich nicht aus. Eher wie ein betrunkenes Meerschwein mit Hüftproblemen. (Und wer hätte schon mal ein betrunkenes Meerschwein mit Hüftproblemen gesehen? Eben. Das macht es ja so merkwürdig.)

Eines Tages kommt ein neues Meerschweinchen in die Gruppe, ein Weibchen mit Name Eluise. Elusie ist klein, glatt und strahlend weiß, und normalerweise ist sie auch höflich, aber als sie Schröder eines Tages brommseln sieht, ist es mit ihrer Selbstbeherrschung vorbei: Eluise lacht und lacht und quiekt vor Lachen und macht vor Lachen lauter kleine Luftsprünge.

Schröder erstarrt. Die anderen Meerschweine erstarren. Alle blicken angestrengt von Eluise zu Schröder und wieder zurück. Und hin. Und zurück. Es ist totenstill im Gehege. Zu hören ist nur das schrille „Qui-h-hi-hiek“ von Eluise.

Und dann passiert etwas, mit dem niemand gerechnet hat. Schröder stürzt sich nicht etwa auf die Neue und zwickt sie kräftig in die Seite, wie er es mit jedem anderen getan hätte, oh nein. Er tut gar nichts, aber er scheint zu schrumpfen, kleiner zu werden. Er dreht sich einfach um und geht in eine weit entfernte Ecke des Geheges. Dort macht er sich lang und schließt die Augen.

Eluise bleibt das Lachen in der Meerschweinchenkehle stecken. Unsicher sieht sie zu ihren Mitschweinen, die ihr demonstrativ den Hintern zudrehen. Oh nein. Das hat sie natürlich nicht gewollt. Sie überlegt ein wenig, dann geht sie zum Fressnapf und sucht ein besonders schönes Stück Gurke heraus. Das bringt sie Schröder.

Schröder rührt sich nicht.

Eluise quiekt ihn an.

Schröder rührt sich nicht.

Eluise überlegt. Und dann, und schon wieder erleben die anderen Meerschweinchen eine Überraschung, dann fängt sie an zu tanzen. Sie geht vor und zurück, dann seitwärts, seitwärts. Und noch einmal: Vor und zurück, zur Seite, zur Seite. Die anderen Meerschweinchen quieken aufgeregt.

Schröder öffnet ein Auge.

Eluise tanzt. Sie tanzt für Schröder. Sie zeigt ihm, dass es viel mehr Schritte gibt als nur vorwärts, steifbeinig oder nicht (und sie muss es wissen, schließlich hat sie die ersten Wochen bei Menschen gewohnt, die eine Tanzschule hatten und ihr Käfig stand auf dem Boden, gleich neben den Lautsprechern).

Schröder öffnet auch das andere Auge. Schließlich, unwiderstehlich angezogen von der strahlendweißen Meerschweinchendame, erhebt sich der alte Meerschweinchenbock und tut es ihr nach, einen Schritt nach dem anderen: Vor und zurück und Seite und Seite. Und da er wesentlich älter ist als Eluise und er in keiner Tanzschule gewohnt hat und nicht einmal weiß, dass es so etwas wie Tanzschulen überhaupt gibt, sieht es so aus, als würde er brommseln. Schröder brommselt! Und Eluise hat es ihm beigebracht!

Zukünftig darf die kleine Meerschweinchendame ganz nah bei ihm liegen. Nicht so nah, dass es ihn stört, aber schon ziemlich nah. Und Schröder wird bekannt als das Meerschweinchen, das vor und zurück und besonders gut zur Seite brommseln kann. Und das soll ihm erstmal einer nachmachen.

Meerschweinchen brauchen Platz

Die Käfige, die du im Zoogeschäft kaufen kannst, sind meist zu klein für Meerschweinchen: Meerlis brauchen Auslauf, und du willst sie doch nicht ins Gefängnis stecken, oder? Frag doch mal deine Eltern, ob sie mit dir einen größeren, artgerechten Käfig bauen können. Vielleicht hast du ja auch einen Opa, der das kann und der die Zeit dafür hat?

So sieht ein ideales „Nest" für Meerlis aus.

Am einfachsten ist es, die handelsüblichen Käfige erst einmal durch zusätzliche Etagen zu vergrößern. Ein bisschen handwerkliches Geschick braucht es schon dafür, ein passendes Gitter anzubringen, an denen sich die Schweinchen nicht

verletzen. Einfacher (und leichter zu säubern) ist es, einen kleinen Tisch mit vier standfesten Füßen zu bauen. Und wer noch Holz übrig hat, der zimmert gleich noch eine kleine Rampe zum hoch- und runterlaufen.

Pflegeplan für Meerlis:

Täglich: **Heuraufe füllen. Altes Grünfutter entfernen und neues hinlegen. Frisches Wasser geben.**

Wöchentlich: **Käfig gründlich reinigen und neu einstreuen, Äste zum Nagen geben. Gesundheitscheck machen.**

In ihrem Käfig brauchen Meerlis einen Unterschlupf, eine Heuraufe und Wasser. Es gibt zwar Häuser für Meerschweinchen zu kaufen, aber natürlicher (und preiswerter) sind einfache Korkhöhlen, die es in jedem Baumarkt oder Tiergeschäft gibt und in denen sie sich schweinewohl fühlen. Allerdings sollten die Häuser unbedingt zwei Ein- bzw. Ausgänge haben, damit sich die Schweine auch mal aus dem Weg gehen können. Und wenn sie sich streiten, können sie sich hervorragend durchs Haus jagen.

Wenn Meerschweinchen nicht gerade schlafen oder spielen, wollen sie fressen. Aus diesem Grund ist eine Heuraufe wichtig, denn wo sie fressen, da kötteln und pinkeln sie auch, und eine Raufe verhindert, dass sie in ihr eigenes Fressen machen. An einem Gitterkäfig können die Raufen sicher an der Außenseite des Käfigs befestigt werden: So können die Meerschweine sie nicht umreißen und sie nehmen keinen Platz weg.

Wir basteln eine Raufe

Eine hübsche Raufe zu basteln, geht ganz einfach: Such dir einen Ziegelstein mit Löchern. Steck ein paar gerade Stöcke in die Löcher und fülle das Heu dazwischen – fertig ist die Raufe!

Jetzt wird noch der Boden mit viel Einstreu ausgelegt und Stroh darüber gestreut, und deine Meerlis sind glücklich. Einmal die Woche musst du das ganze Gehege ausmisten, mit heißem Wasser schrubben und neu

Das ist „Himalaya"!

einstreuen: Daran führt kein Weg vorbei, damit deine Meerschweinchen gesund bleibt.

Bist du gerne draußen und spielst an der frischen Luft? Das gilt auch für deine Meerschwein-

Achtung! Erschütterung!

Der Käfig sollte möglichst auch nicht auf dem Boden stehen: Das Geräusch von Schritten stören die Nager und machen ihnen Angst.

chen. Es gibt für sie kaum Schöneres, als über eine warme Sommerwiese zu toben, hier und da einen Grashalm zu zupfen und ein besonders leckere Gänseblümchen abzuknabbern – alles in einem sicheren Gehege, natürlich, damit die Meerlis nicht auf Entdeckungstour gehen. Und nicht so einfach ins fette Gras setzen und losmümmeln lassen: Soviel Frischfutter sind die Schweine nicht gewöhnt, und sie können leicht Magenprobleme bekommen. Also zunächst kleinere Mengen Gras anfüttern, erst dann geht es raus auf die Wiese.

Selbst in einem gut gesicherten Außenkäfig musst du gut aufpassen, dass keine Hunde oder Katzen an die Meerlis herankommen. Gefährlich werden können auch Insekten: Such erst einmal den Boden nach Wespen- oder Ameisennester ab. Nichts gefunden? Dann steht eurem Ausflug nach draußen ja nichts mehr im Weg.

An heißen Tagen kannst du deinen Schweinchen eine große Fliese in den Schattenbereich des Geheges legen oder ein Sandbett ausstreuen: Darauf kann man sich prima ausstrecken. Wichtig ist, dass ein Großteil des Käfigs immer im Schatten liegt!

Meerschweinchenfeinde sind

a) Katzen

b) Löwen

c) Hamster

d) Wespen

Antwort: a und d sind richtig. Katzen haben Meerschweinchen zum Fressen gern und finden es toll, mit ihnen zu spielen. Und einige Wespenarten wie z.B. Schlupfwespen haben ihr Nest auf dem Boden und finden es gar nicht lustig, wenn ihnen eine neugierige Meerschweinchenschnauze in die Flugbahn kommt.

Meerschweinchen fressen gerne

Heu ist das Grundnahrungsmittel der kleinen Schweine. Den lieben langen Tag mümmeln die Nager sauberes und staubfreies Heu und trinken ab und zu einen Schluck frisches Wasser. Gemüse mögen manche Kinder vielleicht nicht

gerne, Meerschweinchen lieben das Grünzeug. Möhren, Paprika und Sellerie werden ebenso gefressen wie Gurken und Fenchel. Salat wird im Gehege auch gern gesehen, kann aber zu Magenproblemen führen, daher erstmal nur kleine Mengen davon füttern. Auch Obst vertragen die kleinen Schweine nicht in rauen Mengen. Aber ab und zu eine Apfelspalte

oder eine Erd-, Johannis- oder Himbeere ist okay. Pfoten weg von Weiß- und Rotkohl, von Zwiebeln und rohen Kartoffeln, die bekommen deinen Schweinen nämlich überhaupt nicht.

Was Meerschweinchen mümmeln mögen

Meerlis fressen den lieben langen Tag – und quieken trotzdem laut nach Futter, wenn sie sich hungrig fühlen. Was kannst du ihnen Leckeres zu fressen geben?

a) eine Kamillenblüte – die sieht so schön aus

b) eine Himbeere – die riecht so gut

c) ein Stück Brot – das stutzt ihre Zähne

d) ein Ast von einem Apfelbaum – daran können sie herumnagen

Antwort: a) wirkt positiv bei Verdauungsbeschwerden, b) mögen Meerlis, aber nicht zu oft, c) geht auf keinen Fall: Brot macht Meerschweinchen krank und d) ist lecker und gut für die Zähne

Meerschweinchen lieben natürlich auch Frischfutter wie zum Beispiel Gras. Geh doch mal über eine Wiese und pflück deinen Meerlis einen leckeren Strauß Löwenzahn oder Gänseblümchen, Ringelblume, Schafgarbe oder Kamille. Und richtig lecker ist natürlich auch eine Sonnenblume – da haben die Schweinchen mächtig dran zu kauen. Aber aufpassen: Zuviel des Guten ist eben zuviel. Frischfutter immer nur in kleinen Mengen füttern. Und natürlich gibt es auch giftige Pflanzen, die deinen Meerschweinchen gar nicht bekommen, am besten also Mama oder Papa, Oma oder Opa beim Pflücken helfen lassen.

Meerschweinchen sind Nagetiere, und nagen ist wichtig für sie, damit ihre Zähne nicht zu lang werden. Gern knabbern sie an Stöcken und kleinen Ästen, die natürlich un-

Nicht iiih, sondern wichtig!

Meerschweinchen fressen manchmal ihren Kot – das hast du bestimmt schon mal beobachtet. Und das ist auch richtig so, denn die weichen Kotbällchen enthalten Bakterien, die dafür sorgen, dass die Tiere wichtige Vitamine verwerten können.

giftig sein müssen: Äste von Obstbäumen eignen sich dafür, besonders von Birnen- und Apfelbäumen, aber auch Birken-, Erlen- und Weidenstöcke sind bekömmlich.

Meerschweinchen spielen gerne

Und zwar am liebsten im Heu und Stroh, in dem sie herumtoben und sich verstecken. Du solltest aber darauf achten, Heu und Stroh immer auszutauschen, denn natürlich fressen sie ihr Spielzeug

auch und werden krank davon, wenn sie vorher draufgepinkelt haben. Auch aus Zweigen lassen sich hervorragende Verstecke für die Meerlis bauen. Achte nur darauf, dass die Hölzer nicht giftig sind, denn natürlich knabbern die Schweinchen auch daran. Du kannst zudem einen Tannenzweig in den Käfig stellen: Meerschweinchen vertragen die Nadeln im Gegensatz zu anderen Nagetieren sehr gut, und so ein Tannen-„wald" ist ein prima Versteck.

Welche Tiere verstecken sich hier?

a) Gerichtssaal

b) Nieselregen

c) Dachstuhl

d) Kuhle

e) Eigelb

f) Dotterblume

g) Blumentopferde

Lösung: a) Aal, b) Esel, c) Dachs, d) Kuh, e) Igel, f) Otter, g) Pferde

Meerschweinchen lieben Hängematten! Schnapp dir eine alte Jeans, ein T-Shirt, das du nicht mehr trägst, oder besorg dir ein Geschirrtuch und befestige es mit Wäscheklammern am Gitter. Klasse sind auch (Einkaufs-)Körbe, die allerdings unlackiert sein müssen – denn mit denen wird nicht nur gespielt, sondern sie werden auch geknabbert. Und wer behauptet, dass diese großen, plüschigen Höhlen nur für Katzen sind? Meerlis fühlen sich in diese großen Kuschelhöhlen schweinewohl und benutzen sie gern – außer natürlich, es ist noch eine Katze drin…

Selbstverständlich lieben Meerschweinchen auch Ausflüge in die nähere Umgebung: Einmal am Tag solltest du sie schon rauslassen. Damit die Nager nicht alles annagen, was sie finden (besonders gefährlich sind Kabel und giftige Farben), solltest

du deinen Freunden einen Auslauf basteln. Man kann einen tollen Hindernisparcours in so einem Auslauf anlegen, mit kleinen Butzen aus Pappkarton und Hindernissen aus Papprollen, man kann kleine Futtersuchspiele veranstalten oder eine leckere Spur durch ein Labyrinth legen, der sie folgen müssen – lass deiner Fantasie freien Lauf. Bei allem ist nur eines zu bedenken: Anfassen der Meerlis, schubsen und bedrängen gilt nicht!

Kuscheln Meerschweine gerne?

Sie sehen sooooo süß aus, mit ihrem runden Körper, den schwarzen Knopfaugen und dem wuscheligen Fell. So süß, dass man sie immerzu beschmusen möchte. Aber mögen es Meerschweine wirklich, wenn man sie hochnimmt und kuschelt? Beobachten wir doch mal, wie sie mit ihren Artgenossen umgehen.

Kleine Meerschweine kommen schon perfekt auf die Welt, mit Fell, Nagezähnchen und offenen Augen. Sie können auch schon feste Nahrung aufnehmen, obwohl Mutter Meerschwein sie noch ungefähr zwei bis drei Wochen säugt. In den ersten Tagen schmiegen sich die Minischweine auch noch gern an ihre Mama, aber schon bald ist es damit vorbei: Sie putzen sich allein, sie fressen alleine – und vom Kuscheln halten sie fortan nicht sonderlich viel. Erwachsene Meerschweine halten gern Abstand, auch wenn sie im gleichen Versteck schlafen. Kommt ihnen ein Artgenosse zu nahe, fühlen sie sich leicht auf die Pfoten getreten: Sie springen weg, beginnen zu zetern und versuchen, so schnell wie möglich wieder ein paar Zentimeter Stroh zwischen sich und den aufdringlichen Besucher zu bekommen. Vielleicht geben sie dann auch ein kleines Gurren

von sich: So versuchen sie, ihre Mitschweine zu beruhigen und milde zu stimmen. Und sich selbst wahrscheinlich auch, denn es ist ja nicht angenehm, wenn einem jemand so nah auf den Pelz rückt.

Jetzt beobachte einmal, was passiert, wenn deine riesige Hand herunterstößt wie ein Greifvogel auf seine Beute. Junge, unerfahrene Schweinchen werden sofort versuchen, zu fliehen, aber die älteren wissen, dass das ja doch keinen Zweck hat. Meerschweinchen sind nämlich klug. Und sehr lernfähig. Sie lassen sich fangen, weil sie das schon kennen, aber einen Schreck bekommen sie auf jeden Fall.

Auf deinem Schoß wird sich das Meerschwein daher erst einmal nicht regen: Es ist vor Angst wie erstarrt. Manche machen sich lang, schließen so-

gar die Augen. Das kleine Tier hat aufgegeben – genießen tut es deine Zuwendung deswegen aber nicht. Überlegt doch mal: Es lässt ja schon keine Mitschweine an sich heran, warum sollte es dann dein Streicheln genießen? Und das Gurren, das kennen wir auch von dem Streit mit seinen

Artgenossen: Das Meerschwein will dich beruhigen, damit du ihm nichts tust. Viele Besitzer verwechseln das mit einer Katze, die sich ja zweifellos wohl fühlt, wenn sie schnurrt, aber ein Meerschweinchen nicht. Das ist froh, wenn es wieder runter darf und mit allen vier Meerschweinchenpfoten auf dem Boden steht.

Jetzt bist du vielleicht enttäuscht, dass dein Meerschwein kein Schmusetier ist – und das ist es auch nicht. Aber du solltest es dennoch daran gewöhnen, dass es gelegentlich hochgenommen werden muss: Man nennt das „handzahm“ machen. Am besten funktioniert das übers Futter: Halte deinem Meerli doch mal ein besonders leckeres Stück Gurke hin und lock

Kannst du „tierisch“?

Katzen a) schnurren b) gurren c) knurren

Hunde a) schnurren b) gurren c) knurren

Tauben a) schnurren b) gurren c) knurren

Lösung: Katzen a) schnurren, Hunde c) knurren, Tauben b) gurren

Anlocken mit leckerem Futter!

es zu dir, vielleicht krabbelt es dir ganz freiwillig auf den Schoß. Und mutige Schweinchen lassen sich dann auch ein bisschen unter dem Kinn und an der Seite streicheln (nie über Kopf und Rücken, das empfindet es als Unterwerfung). Dann wirst du für das Lebewesen in deinem Schoß kein Feind mehr sein, sondern ein liebes, freundliches Wesen, das ihm sein Futter bringt.

Meerschweinchen wollen nicht fliegen ...

Und doch musst du es hochheben um zu kontrollieren, wie es ihm geht: Einmal die Woche solltest du einen Gesundheitsscheck machen.

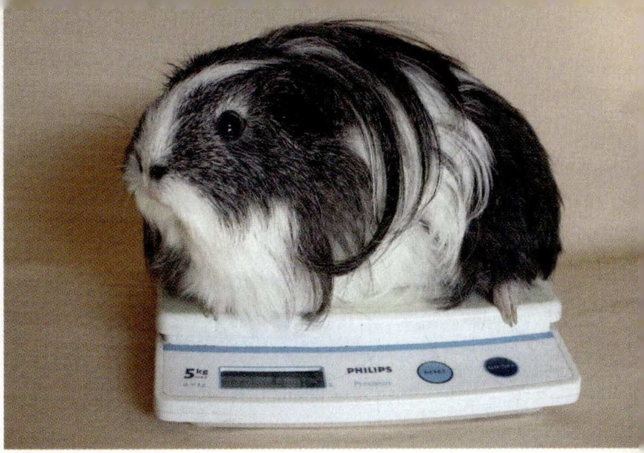

Zunächst einmal wird das Schwein gewogen und darf nicht mehr als 50 Gramm in einer Woche verloren haben. Dann guckst du dir das Fell an, ob es schorfige oder wunde Stellen gibt oder ob das Tierchen sogar Haarbüschel verliert. Die Krallen dürfen nicht zu lang sein. Schließlich noch ein Blick in die Augen (müssen klar und

Alles verstanden?
Meerschweinchen kuscheln, wenn sie

a) ihren Menschen lieb haben

b) Angst haben, einsam oder sehr jung sind

c) überhaupt nicht

d) wenn sie hungrig sind

Antwort: b ist richtig. Kuscheln bei Meerschweinchen ist ein Zeichen von Unsicherheit, kein Zeichen von Wohlbehagen.

sauber sein), auf den Po (kein Durchfall, kein verklebtes Fell), in die Ohren (müssen sauber sein) und zu den Zähnen, die nicht abgebrochen, zu lang oder schief sein dürfen. Stimmt etwas nicht, solltest du mit deinem Meerschweinchen sofort zum Tierarzt.

Deine Meerlis gewöhnen sich an diesen Gesundheitsscheck, auch wenn die ihn nicht lieben werden – aber wer geht schon gerne zum Arzt?

Meerlis brauchen den Kontakt zum Boden. Das wilde Sumpf- oder Magna-Meeerschwein allerdings mag es ohne Grund: Es hat Ansätze von Schwimmhäuten zwischen den Zehen und kann hervorragend schwimmen.

Wie schon gesagt: Das Meerschweinchen vor der Untersuchung durch den ganzen Käfig zu jagen und es einfach hochzureißen, ist nicht gerade die feine Art: Vielleicht klappt es ja mit einem Lockmittel, einem Stück Karotte zum Beispiel. Wenn es dann daran knabbert, kannst du es hochnehmen. Dabei mit beiden Händen die Brust und den Po umfassen und möglichst die vier Pfötchen abstützen. Wenn du es tragen musst, dann mit beiden Händen und vor der Brust. Du solltest es jedoch so bald wie möglich wieder runter auf den Boden setzen, wo es hingehört.

... aber sie gewöhnen sich daran

Ein neues Meerschweinchen braucht Geduld. Du solltest viel und oft mit ihm reden, damit es sich an deine Stimme gewöhnt. Mit Futter läst sich viel erreichen. Lock es mit einem Stück Gurke oder einer Beere zu dir, aber sei nicht enttäuscht, wenn es nicht sofort kommt: Mit etwas Geduld wird es dir irgendwann aus der Hand fressen. Und wenn du ihm regelmäßig das Futter bringt, wird es dich auch erkennen und begrüßen. Und sich schließlich sogar unter dem Kinn kraulen lassen. Denn Meerschweinchen sind eben besondere Tiere. Doch wer all ihre Eigenheiten, ihre Sprache und ihre Verhaltensweisen beachtet,

der wird ein ganz außergewöhnliches Lebewesen zu seinen Freunden zählen dürfen.

Bildnachweis:

© animals-digital/Brodmann: 7, 8,9, 10/11, 12,13, 14, 16, 17, 19, 20, 22, 23, 25, 28, 29, 30/31, 33, 34/35, 36/37, 39, 40, 41, 42, 43, 44/45, 47, 49, 50/51, 52, 54/55, 57, 58, 59, 60, 61, 62/63.

Fotolia: Cover © Gerd Schöllkopf, © newbeltane;
2 © Katharina Knaupp, 4 © Monkey Business, 6 © jeanma85.

„Ein Herz für Tiere“®
© Gong Verlag GmbH, Ismaning 2009
Agentur: Celebrities Entertainment GmbH

Lizenzausgabe für BELLAVISTA
BELLAVISTA ist ein Imprint des
Karl Müller Verlages – Silag Media AG,
Liebigstraße 1–9, 40764 Langenfeld

Printed in Germany.

ISBN 978-3-86997-079-0